BEI GRIN MACHT SICH IHR WISSEN BEZAHLT

AF150415

- Wir veröffentlichen Ihre Hausarbeit,
  Bachelor- und Masterarbeit

- Ihr eigenes eBook und Buch -
  weltweit in allen wichtigen Shops

- Verdienen Sie an jedem Verkauf

Jetzt bei www.GRIN.com hochladen und kostenlos publizieren

Tobias Keßler

Communio als Herausforderung in einem pluralen Kontext

Vortrag bei den "Journées pastorales 2014 des paroisses catoliques françaises"

GRIN Verlag

Bibliografische Information der Deutschen Nationalbibliothek:

Die Deutsche Bibliothek verzeichnet diese Publikation in der Deutschen National-
bibliografie; detaillierte bibliografische Daten sind im Internet über http://dnb.d-
nb.de/ abrufbar.

Impressum:

Copyright © 2014 GRIN Verlag GmbH
Druck und Bindung: Books on Demand GmbH, Norderstedt Germany
ISBN: 978-3-656-97613-4

Dieses Buch bei GRIN:

http://www.grin.com/de/e-book/300024/communio-als-herausforderung-in-einem-
pluralen-kontext

GRIN - Your knowledge has value

Der GRIN Verlag publiziert seit 1998 wissenschaftliche Arbeiten von Studenten, Hochschullehrern und anderen Akademikern als eBook und gedrucktes Buch. Die Verlagswebsite www.grin.com ist die ideale Plattform zur Veröffentlichung von Hausarbeiten, Abschlussarbeiten, wissenschaftlichen Aufsätzen, Dissertationen und Fachbüchern.

COMMUNIO ALS HERAUSFORDERUNG IN EINEM PLURALEN KONTEXT

Originaltitel:
Vivre la communion dans un contexte pluriel

Tobias Keßler

Vortrag bei den
Journée pastorales 2014
des paroisses catoliques françaises

Hofheim, 29. September 2014

Sehr geehrte Damen und Herren,

ich freue mich, heute hier zu sein, um mit Ihnen gemeinsam über die Frage nach-zudenken, wie es gelingen kann, innerhalb Ihrer multikulturellen Gemeinden sowie zwischen Ihren Pfarreien und der jeweiligen Ortskirche[1], in der Sie tätig sind, das tief-christliche Anliegen der *communio* konkret erfahrbar werden zu lassen. Es liegt in der Natur der Sache, dass ich dabei vor allem die Situation in Deutschland im Blick habe, die mir besser vertraut ist. Umso interessanter wird es sein, im anschließenden Aus-tausch Vergleiche mit anderen Ländern zu ziehen, um das Gesamtbild entsprechend zu ergänzen.

Gestatten Sie mir, dass ich eingangs einen soziologischen Blick auf den Kontext werfe, in dem sich die Herausforderung einer wachsenden *communio* für die Kirche stellt. Dieses Panorama dient dazu, die Brisanz unserer Frage noch klarer vor Augen zu haben. Außerdem will ich dabei erklären, weshalb ich den Rekurs auf die Semantik der „Integration" als Alternative für *communio* für problematisch halte.

Anhand der Geschichte des Turmbaus zu Babel will ich in einem zweiten Schritt verdeutlichen, weshalb es wichtig ist, beim Streben nach Einheit die bestehenden Machtverhältnisse im Blick zu behalten. Diese Überlegungen werden uns zu dem Schluss führen, dass *communio* letztlich nicht hergestellt, sondern nur vorbereitet werden kann, da sie stets auf das Wirken des Heiligen Geistes verwiesen bleibt.

Ausgehend von diesen Erörterungen versuche ich in Teil 3 eine Art Leitfaden zu-sammen zu stellen, der den Blick schärfen soll für die komplexen Beziehungsgeflech-te innerhalb der sich pluralisierenden muttersprachlichen Gemeinden sowie zwischen diesen und der jeweiligen Ortskirche.

I.   Gesellschaft und Kirche im Wandel

In der Zeit der sogenannten „Gastarbeiteranwerbung" war die Migrantenseelsorge stark vom sozialen Engagement für die Zuwanderer geprägt. Die Seelsorge in den Missionen orientierte sich weitgehend an den Traditionen und Bräuchen der Heimat. Diese Szenario, das vor allem der Vorstellung von Migration als einem Provisorium geschuldet war, ist einem neuen Bewusstsein gewichen, das Migration als das Ergeb-nis komplexer Zusammenhänge und Wechselwirkungen zu begreifen beginnt. Konnte man kirchlicherseits bis vor wenigen Jahren noch der Meinung anhängen, die traditi-onellen muttersprachlichen Gemeinden würden durch den Rückgang an Neuzuwande-rung nach und nach überflüssig werden, so hat uns auch hier die Wirtschaftskrise von 2008 mit ihren zum Teil gravierenden Folgen eines besseren belehrt. Wesentlich ist hierbei die Erkenntnis, dass sich die Migrationsströme über die Zeit sowohl quantita-tiv als auch qualitativ zwar verändern können, dass aber das Phänomen als solches bestehen bleibt. Die Einsicht, dass Migration eine Strukturkonstante der modernen Ge-sellschaft darstellt, verlangt eine qualitative Veränderung in der Seelsorge, die die Gemeindepastoral und die Migrantenseelsorge gleichermaßen betrifft.

---

1   Der Begriff der „Ortskirche" meint im vorliegenden Text zum einen die Diözesen als Teil- bzw. Partikularkirchen, zum anderen aber auch die Kirche in Deutschland als Ganzes. Eine besondere terminologische Schwierigkeit ergibt sich bei der Unterscheidung zwischen den muttersprachli-chen Gemeinden und der Ortskirche, da die sogenannten Missionen wenigstens formal bereits Teil der Ortskirche sind. Wo im Text solche Gegenüberstellungen auftauchen, haben sie lediglich funktionalen Charakter mit Blick auf die Darstellung der hier behandelten Problematik.

1.1 Migration als Strukturkonstante der modernen Gesellschaft

Die Theorie der funktionalen Differenzierung der Gesellschaft, bei deren Konzeption insbesondere Talcott Parsons eine wichtige Rolle spielt und die in der Soziologie auf breiten Konsens stößt,[2] identifiziert drei Gesellschaftsformen, die sich durch die Art ihrer primären Differenzierung unterscheiden: die segmentär differenzierte, die hierarchisch-stratifikatorisch differenzierte und die funktional differenzierte Gesellschaft.

Soziale Evolution beginnt mit gleichartigen, funktional diffusen Einheiten im vielfachen Nebeneinander (Stämme, Clans, Familien). Aufgrund spezifischer Unterschiede des Ansehens, Einflusses, Besitzes etc. kommt es zu Differenzierungen von Prestige, Status, Rollen und Schichten. Stratifikation ist dann vor allem der Motor zur Steigerung ökonomischer Produktivität und Profitabilität wie auch der politischen Effektivität. Zuletzt erreicht die soziale Evolution das Niveau funktionaler Differenzierung und Spezialisierung und damit eine vollkommen neuartige Komplexität ungleicher Einheiten in der Gesellschaft wie aber gleichzeitig auch – und das ist wohl eine mit Parsons erstmalig auftauchende Beobachtung – eine Mehrzahl gleich (!) wichtiger Funktionen.[3]

Entscheidend ist die Beobachtung, dass im Übergang von der stratifikatorisch differenzierten Ständegesellschaft, in der die Individuen qua Zugehörigkeit zu Stand bzw. Zunft integriert oder – in der Sprache der Theorie – inkludiert waren, sie gleichsam aus dieser Zugehörigkeit entlassen werden, um so mit Hilfe neuer Inklusionsformen in die verschiedenen Teilsysteme der funktional differenzierten Gesellschaft (Politik, Recht, Ökonomie, Gesundheitswesen, Bildungssystem, Religion) einbezogen zu werden.[4]

Im Unterschied zu den ehemaligen Formen der Inklusion, die durch die Geburt bestimmt waren, basieren die neuen Zugehörigkeitsformen in der Regel auf einer je spezifischen Leistung der Individuen.[5] Dies betrifft insbesondere die Mitgliedschaft als Arbeitskraft in modernen Organisationen wie Unternehmen und Betrieben unterschiedlicher Art.[6] Loyalität und betriebliche Effizienz werden nicht mehr primär

---

2   Vgl. Karl GABRIEL, 1999: Soziologie, in: Herbert Haslinger (Hg.): Handbuch Praktische Theologie. Bd. 1: Grundlegung, Mainz, S. 292–303, hier: S. 294–295.

3   Andreas ZIEMANN, 2009: Systemtheorie, in: Georg Kneer, Markus Schroer (Hg.): Handbuch Soziologische Theorien, Wiesbaden, S. 469–490, hier: S. 474, Hervorhebung durch Ausrufezeichen im Original.

4   Diese Einbeziehung erfolgt durch je spezifische Kommunikationsformen wie Wahlrecht, Gesetze, Beitragszahlungen, Vorlage von Zeugnissen, Verträge, Schulpflicht, Kirchensteuer usw.

5   Dass mit Blick auf gesellschaftliche Teilhabe und sozialen Status neben Leistung auch Macht – im Sinne eines Durchsetzungsvermögens jenseits von Leistung und Prestige – weiterhin eine Rolle spielt, verdeutlicht der Ansatz von Hans-Joachim Hoffmann-Nowotny (vgl. dazu die synthetische Darstellung von Annette TREIBEL, 1999: Migration in modernen Gesellschaften. Soziale Folgen von Einwanderung, Gastarbeit und Flucht, 2. Auflage, Weinheim, S. 176–186).

6   Aus systemtheoretischer Perspektive sind Organisationen soziale Systeme, die sich auszeichnen durch freiwillige und zugleich wieder kündbare formale Mitgliedschaft. Der Erfolg dieser Sozialform hängt damit zusammen, dass Organisationen aufgrund ihrer inneren Struktur Entscheidungsfähigkeit sicherstellen und zugleich – im Gegensatz etwa zu Vereinen – weitgehend unabhängig sind von den persönlichen Motivationslagen ihrer Mitglieder. Diese Unabhängigkeit wird durch den „Tausch von generalisierter Zustimmung gegen das generalisiert verwendbare – und für die Lebensführung unverzichtbare – Medium Geld" (Veronika TACKE, 2010: Organisationssoziologie, in: Georg Kneer, Markus Schroer (Hg.): Handbuch spezielle Soziologien, Wiesbaden, S. 341–359, hier: S. 349) gewährleistet. Zur Rolle und Funktionsweise von Organisationen vgl. auch Michael BOMMES, 2011b: Zur Bildung von Verteilungsordnungen in der funktional differenzierten Gesellschaft. Erläutert am Beispiel „ethnischer Ungleichheit" von Arbeitsmigranten,

durch Vertrauen aufgrund verwandtschaftlicher, ständischer oder staatsbürgerlicher Bande garantiert, Kontingenzbewältigung[7] erfolgt vielmehr über die formale Regelung der Beziehungen durch Bezahlung und Verträge, bei deren Nichteinhaltung entsprechende Sanktionen drohen, die ihrerseits im Rechtssystem geregelt sind.

Diese Sachlage ermöglicht es modernen Organisationen, zur Verfolgung ihrer organisationsspezifischen Ziele prinzipiell von zahlreichen individuellen Merkmalen ihrer Mitglieder wie Nationalität, Hautfarbe, sozialer Herkunft, politischem und religiösem Credo abzusehen. Dieser sogenannte *Inklusionsuniversalismus* (jede und jeder ist willkommen, wenn sie oder er die systemspezifischen Inklusionsbedingungen erfüllt)[8] trifft auch für die funktionalen Teilsysteme der Gesellschaft wie Ökonomie, Bildung, Recht und Gesundheitswesen zu und schafft ganz grundsätzlich die Bedingungen für internationale Migration, denn Staatsgrenzen werden unter diesen Gesichtspunkten irrelevant. Migration kann in diesem Kontext als „räumliche Form der Mobilität zur Realisierung von Inklusionschancen"[9] definiert werden. Werden diese Inklusionschancen im Ausland höher eingeschätzt als im eigenen Land, kommt es über kurz oder lang zu internationaler Migration. Damit wird Migration zu einer Strukturkomponente der modernen, funktional differenzierten Gesellschaft.

1.2 Integration: Orientierung an Gleichheit oder Reproduktion von Ungleichheit?

Eine bezeichnende Ausnahme mit Blick auf den prinzipiellen Inklusionsuniversalismus der modernen Gesellschaft betrifft den Bereich der Politik. In der modernen Gesellschaft gilt das Prinzip der Inklusion durch Leistung. Das Rennen um Inklusionschancen in die gesellschaftlichen Funktionssysteme führt deshalb auch unabhängig von Zuwanderung zur Konkurrenz zwischen den Individuen und damit faktisch zu Situationen sozialer Ungleichheit und Exklusion. Vor diesem Hintergrund sowie angesichts des Legitimationsproblems politischer Souveränität[10] über die Staatsbürger

---

in: ders. (Hg.): Migration und Migrationsforschung in der modernen Gesellschaft. Eine Aufsatzsammlung (IMIS-Beiträge; Bd. 38), Bad Iburg, S. 73–100.

7   Vgl. dazu das in der luhmannschen Systemtheorie als „doppelte Kontingenz" bezeichnete Phänomen. Der Begriff bezeichnet die Unberechenbarkeit sozialen Verhaltens, die darin begründet liegt, dass Menschen füreinander (daher die *Doppelung*) eine Art *black box* darstellen. Bestimmte Reaktionen sind zwar unter bestimmten Voraussetzungen wahrscheinlich und somit nicht beliebig, aber eben auch nicht determiniert. Daraus resultiert eine hohe Komplexität und Unsicherheit der Beziehungen – speziell unter Bedingungen von Fremdheit –, die Kommunikation als Möglichkeit der Reduktion von Komplexität wahrscheinlich macht. Bestimmte Kommunikationsformen und -medien wie Geld als generalisiertes Leistungsausgleichsmittel (vgl. Michael BOMMES & Veronika TACKE, 2001: Arbeit als Inklusionsmedium moderner Organisationen. Eine differenzierungstheoretische Perspektive, in: Veronika Tacke (Hg.): Organisation und gesellschaftliche Differenzierung (Organisation und Gesellschaft), Wiesbaden, S. 61–83, hier: S. 75) haben sich bei der Frage der Kontingenzbewältigung besonders bewährt.

8   Vgl. Michael BOMMES, 2011a: Migration in der modernen Gesellschaft, in: ders. (Hg.): Migration und Migrationsforschung in der modernen Gesellschaft. Eine Aufsatzsammlung (IMIS-Beiträge; Bd. 38), Bad Iburg, S. 53–72; BOMMES, 2011b, S. 78.

9   BOMMES, 2011a, S. 62.

10 „Die Gemeinsamkeit zwischen verschiedenen Staaten besteht darin, dass sie, um die Kapazität zur Herstellung kollektiv verbindlicher Entscheidungen aufbauen und aufrechterhalten zu können, bestimmte Probleme lösen müssen. Dazu gehören im Kern die Durchsetzung des Anspruchs auf Souveränität über ein Territorium und die zugehörige Bevölkerung, die Staatsbevölkerung. Dies impliziert [...] eine Loyalitäts- und eine Leistungsdimension" (Michael BOMMES, 2011: Nationale Paradigmen der Migrationsforschung, in: ders. (Hg.): Migration und Migrationsforschung in der

entsteht der Wohlfahrtsstaat als soziale Ausgleichsinstanz.[11] Anders ausgedrückt moderiert die Politik die bestehenden Teilnahmechancen und orientiert sich dabei wenigstens formal an den modernen Werten von Freiheit und Gleichheit. Vernachlässigt sie dieses Bemühen, wird sie nicht nur von den Wählern bestraft, sondern auch vom Rechtssystem in ihre Schranken verwiesen.

Da jedoch Sozialleistungen mit hohen Kosten verbunden sind, ist der Staat gerade im Kontext von Zuwanderung darauf bedacht, diese Kosten *in Grenzen* zu halten. Auf diese Weise wird das politische System durch den Sozialstaat zum Filter für die Inklusionschancen der Zuwanderer und zur Privilegierungseinrichtung für Staatsbürger.

Im Gegensatz etwa zu Großbritannien, das eine längere *ius-soli*-Tradition aufweist, ist die deutsche Politik trotz leichter Anzeichen von Veränderungen weiterhin stark an der Aufrechterhaltung einer Unterscheidbarkeit von Staatsbürgern und Zuwanderern orientiert. Wenn nun in diesem Kontext von „Integration" – und damit von einer Gleichstellungsabsicht – die Rede ist, dann muss sehr genau hingeschaut werden, ob diesem Diskurs auch die entsprechenden Fakten folgen. Tatsächlich stehen die politischen Entscheidungen häufig im Widerspruch zur Bekundung politischer Integrationsabsichten.[12] Dies gilt insbesondere für die zögerliche und voraussetzungsvolle Vergabe der deutschen Staatsbürgerschaft. Die Integrationspolitik der Bundesregierung läuft Gefahr, zu einer weitgehend symbolischen Politik zu verkommen, die unter anderem darauf zielt, Erfolge im Bereich der Integration als Resultat politischer Intervention darzustellen und demgegenüber etwaige Defizite der vermeintlichen Integrationsresistenz der Zuwanderer selbst zuzuschreiben.[13]

Die bisherigen Ausführungen zeigen: Die Globalisierung des Migrationsphänomens ist in der modernen Gesellschaft strukturell verankert und damit unumkehrbar. Dies bedeutet eine fortschreitende Pluralisierung von Gesellschaft und Kirche, die es so in der Geschichte nie zuvor gegeben hat.[14] Eben deshalb ist es wichtig, dass sich sowohl die Gemeindeseelsorge in den Territorialgemeinden als auch die Migrantenseelsorge der muttersprachlichen Gemeinden auf diese neue Situation einstellen.

Rekurrieren wir nun aber in der Kirche ebenfalls auf die in der Politik verbreitete Semantik der Integration, das heißt: sprechen auch wir von der Notwendigkeit der Integration der katholischen Zuwanderer in die Territorialgemeinden der Ortskirche o-

---

    modernen Gesellschaft. Eine Aufsatzsammlung (IMIS-Beiträge; Bd. 38), Bad Iburg, S. 15–52).

11   Vgl. ebd., S. 23.

12   Dies betrifft etwa Einschränkungen im Bereich der Familienzusammenführung oder des Ehegattennachzugs, aber auch die zögerliche Anerkennung im Ausland erworbener beruflicher Qualifikationen, vgl. z.B. Karl-Heinz MEIER-BRAUN, 2010: Migration und Integration in Deutschland. Chronologie der Ereignisse und Debatten (Mai 2009 – Dezember 2010), in: Marianne Krüger-Potratz, Werner Schiffauer (Hg.): Migrationsreport 2010. Fakten – Analysen – Perspektiven, Frankfurt a.M., S. 271–357, hier: S. 233.

13   Vgl. vor allem Thomas KUNZ, 2006: Integrationskurse auf kommunaler und auf Bundesebene. Eine kritische Auseinandersetzung mit einem neuen Steuerungsinstrument am Beispiel der Stadt Frankfurt am Main, in: Sigrid Baringhorst, Uwe Hunger, Karen Schönwälder (Hg.): Politische Steuerung von Integrationsprozessen, Wiesbaden, S. 175–193.

14   Die französischsprachigen Gemeinden sind wie die englischsprachigen Gemeinden zudem von einer hohen Fluktuation eines Teils der Gläubigen gekennzeichnet und nehmen damit eine gewisse Sonderstellung ein. Mit vielen anderen muttersprachlichen Gemeinden ist ihnen das Phänomen interner sozialer und kultureller Pluralisierung gemeinsam.

der – im vorliegenden Fall – von der Integration der Afrikaner in die französischsprachigen Gemeinden, dann importieren wir unmerklich die Logik der Politik, die
die Bringschuld für die Integration hauptsächlich auf der Seite der Zuwanderer veror-
tet. Aus diesem Grund plädiere ich – in offensichtlichem Einvernehmen mit den Ver-
antwortlichen für die inhaltliche Planung dieser Tagung – für die Verwendung eines
theologischen Vokabulars für den binnenkirchlichen Bereich.

2.   Babel versus Pfingsten

Mein Plädoyer für die Bevorzugung einer theologischen Terminologie für die binnenkirchliche Verhältnisbestimmung von Einheimischen und Zuwanderern liegt zunächst
im ambivalenten Umgang der Politik mit der Thematik der Integration begründet. Eine eingehendere Auseinandersetzung mit dieser Frage zeigt darüber hinaus, dass die
Herangehensweise einer Kirche, die ihren Ursprüngen und ihrem Wesen treu zu sein
beabsichtigt, sich diametral von der Logik der Politik unterscheidet. Dieser Sachverhalt lässt sich an der Gegenüberstellung der Turmbaugeschichte (Gen 11,1–9) und des
Pfingstereignisses (Apg 2,1–11) verdeutlichen.[15]

Zur Interpretation der Geschichte vom Turmbau

Lange Zeit wurde das Eingreifen Gottes in der Geschichte vom Turmbau zu Babel undif-
ferenziert als Bestrafung betrachtet, die an die Adresse der Menschheit als Ganzes gerich-
tet war. Die Strafe bezog sich auf die Anmaßung der „bənê hāʾāḏām", das heißt der
„Erdenkinder", den Himmel und somit die Sphäre Gottes zu erklimmen, um dem All-
mächtigen gleich zu sein. Offen blieb dabei jedoch die Frage, weshalb ausgerechnet Gott
selbst, der sich als der *Dreieine* offenbart hat und dem die Einheit der Menschen am Her-
zen liegt (vgl. besonders Joh 17,21), zur Bestrafung die Sprache der Menschen verwirrt
und diese entgegen ihrem Streben nach Einheit[16] über die ganze Erde zerstreut.
Dieser Scheinwiderspruch löst sich auf, wenn in den Blick kommt, dass es beim Bau
der Stadt und des Turmes offensichtlich zwei Gruppen gab: Auf der einen Seite die
Mächtigen, die in ihrem Größenwahn keine Mittel scheuen, um ihre Macht zu sichern
und auszuweiten. Auf der anderen Seite die Unterdrückten, die als Sklaven in harter
Arbeit die Stadt und den Turm errichten mussten. Die sogenannte Pirqe von Rabbi
Eliezer erzählt an einer Stelle, dass es mit zunehmender Höhe des Turmes immer
schwieriger wurde, neue Ziegel zur Turmspitze zu schaffen, um noch höher zu bauen.
Wenn bei diesem Unterfangen ein Ziegel herabfiel und zu Bruch ging, dann war das
Klagen groß und alle fragten sich: woher sollen wir einen neuen Ziegel nehmen, um
diesen zu ersetzen? Fiel aber einer der Arbeiter vom Turm und starb, dann kümmerte
sich niemand darum, denn Arbeiter waren leicht zu ersetzen.[17]

---

15   Für die Ausführungen zum Turmbau von Babel beziehe ich mich auf meine nicht veröffentlichte
      bibeltheologische Lizenziatsarbeit, vgl. Tobias KEßLER, 1999: Il racconto della torre come chiave
      ermeneutica del fenomeno migratorio. Esegesi e lettura simbolica di Gen 11,1–9 (Dissertazione di
      Licenza), Roma. Angesichts des begrenzten zeitlichen Rahmens handelt es sich jedoch um eine
      vereinfachte Darstellung.

16   Vgl. Gen 11,4: „Dann sagten sie: Auf, bauen wir uns eine Stadt und einen Turm mit einer Spitze
      bis zum Himmel, und machen wir uns damit einen Namen, *dann werden wir uns nicht über die
      ganze Erde zerstreuen.*"

17   Vgl. Byron L. SHERWIN, 1995: The Tower of Babel, in: The Bible Today, Bd. 33, S. 104–109,
      hier: S. 109.

Diese Interpretationslinie, der ich hier folge, erkennt in der Verwirrung der Sprache und der Zerstreuung der Menschen einen tieferen theologischen Sinn. Dem biblischen Autor geht es in dieser Sicht nicht um die Erklärung der Sprachenvielfalt. Der Hinweis in Vers 1 der Turmbaugeschichte, wonach alle Menschen dieselbe Sprache hatten und dieselben Worte gebrauchten, ist hier bereits Zeichen einer Ideologie, die Einheit mit Uniformität gleichsetzt und mit dem angeblichen Streben nach Einheit die eigenen Herrschaftsansprüche legitimiert. Vor diesem Hintergrund wird das Eingreifen Gottes einsichtig als Akt der Befreiung der Unterdrückten. Vielfalt ist damit nicht das Ergebnis einer Strafe Gottes, sondern Ausgangsbedingung *(conditio sine qua non)* einer Einheit oder *communio* nach dem Maß und Vorbild Gottes.

Babel, Pfingsten und die Stadt Gottes

Babel ist die Stadt, die aus eigenen Kräften und auf Kosten der Armen und Unterdrückten den Himmel erstürmen will, um sich selbst einen Namen zu machen. Die Geschichte aus dem ersten Buch der Bibel hat eine Entsprechung in der Offenbarung des Johannes, dem letzten Buch der Schrift. Dort ist vom himmlischen Jerusalem die Rede, der Stadt Gottes, die vom Himmel herab kommt (vgl. Off 21,2). Diese Stadt ist von Gott erbaut, in ihr ist jeder willkommen, der dem Namen des Herrn die Treue gehalten hat (vgl. Off 3,8). Dies ist die Stadt der *communio*, der Einheit aller Völker.

Die Erzählung des Pfingstereignis spannt sozusagen einen Bogen von der unerlösten Stadt der Anmaßung und des Hochmuts hin zur Stadt Gottes, deren Beziehung zum Höchsten im Bild der Vermählung ausgedrückt wird. Das Pfingstereignis ist somit die Vorwegnahme der endgültigen *communio* zwischen Gott und den Menschen sowie der Menschen untereinander. Diese endgültige Einheit kann nur von Gott selbst geschenkt und empfangen werden. Jeder Versuch, sie mit menschlichen Mitteln herzustellen, endet in der Ideologie und der Ausübung von Macht.

Der Babel-Bazillus

Diese Überlegungen machen deutlich: Babel ist keineswegs eine Episode der Vergangenheit, Babel ist die Realität aller Zeiten. Die Ambivalenz moderner Integrationspolitik trägt in sich die Spuren der babelischen Zwei-Klassen-Logik, der sie aus eigener Kraft nicht entkommen kommen.

Auch die Kirche ist gegen diesen Bazillus keineswegs immun.[18] Auch in der Kirche laufen wir ständig Gefahr, das berechtigte Anliegen der Einheit ideologisch zu missbrauchen, um auf eine scheinbar integrationsresistente Peripherie Druck auszuüben, anstatt sie auf eine geduldig werbende Art für die gemeinsame Sache zu gewinnen. Besonders aufschlussreich an der Pfingsterzählung ist hier der Sachverhalt, wonach die Geisterfüllten selbst spontan begannen, in fremden Sprachen zu reden (vgl. Apg 2,4). Nicht von den Fremden aus der jüdischen Diaspora wurde erwartet, dass sie die notwendigen Sprachkenntnisse mitbrächten, im Gegenteil: Das Entgegenkommen ging – im Bild gesprochen – von der Ortskirche aus! Diese Dynamik ist der

---

18   Vgl. hierzu die wertvollen Beiträge von Hans-Joachim Sander wie z.B.: Hans-Joachim SANDER, 2001: Nicht verleugnen. Die befremdende Ohnmacht Jesu (Glaubens Worte), Würzburg; Hans-Joachim SANDER, 2009: Ein Ortswechsel des Evangeliums – die Heterotopien der Zeichen der Zeit, in: Peter Hünermann, Bernd Jochen Hilberath (Hg.): Die Dokumente des Zweiten Vatikanischen Konzils. Theologische Zusammenschau und Perspektiven. (Sonderausgabe) (Herders theologischer Kommentar zum Zweiten Vatikanischen Konzil; Bd. 5), Freiburg, Basel, Wien, S. 434–439.

Logik der Politik entgegengesetzt, für kirchliche Zusammenhänge hat sie jedoch normative Geltung. Die Logik der Macht setzt beim Aufbau der Einheit beim Zentrum an und macht dieses zum Maßstab aller Dinge. Die „Logik des Geistes" hingegen erhebt die Peripherie zur maßgebenden Norm und konstruiert die *communio* vom Rand her. Dennoch ist es kaum verwunderlich, dass diese gottgegebene Vision auch in der Kirche auf zahlreiche Hürden stößt. Der Jesuit Michel de Certeau schreibt dazu im Rahmen eines Plädoyers für eine Theologie der Differenz:

> Il faut être réaliste. L'Église est une société. Or toute société se définit par ce qu'elle exclut. Elle se constitue en se différenciant. Former un groupe, c'est créer des étrangers. [...] Cette loi est aussi un principe d'élimination et d'intolérance. Elle porte à dominer, au nom d'une vérité définie par le groupe. Pour se défendre de l'étranger, on l'absorbe ou on l'isole. [...] Parce qu'elle est aussi une société, quoique d'un genre spécial, l'Église est toujours tentée de contredire ce qu'elle affirme, de se défendre, d'obéir à cette loi qui exclut ou supprime des étrangers, d'identifier la vérité à ce qu'elle en dit, de dénombrer les „bons" d'après ses membres visibles, de ramener Dieu à n'être plus que la justification et „l'idole" d'un groupe existant.[19]

Und weiter:

> Dieu reste l'inconnu, celui que nous ne connaissons pas, alors même que nous croyons en lui; il demeure l'étranger pour nous, dans l'épaisseur de l'expérience humaine et de nos relations. Mais il est aussi méconnu, celui que nous ne voulons pas reconnaître et qui, Jean le dit (Jn 1,11), n'est pas „reçu" chez lui, par les siens.[20]

Entgrenzung als Bedingung christlichen Glaubens und Handelns

Ähnlich deutliche Worte findet Ottmar Fuchs in einem seiner zahlreichen Beiträge zur Thematik des Fremden mit dem bedeutsamen Titel „Die Entgrenzung zum Fremden als Bedingung christlichen Glaubens und Handelns"[21]. In diesem Text identifiziert der Tübinger Pastoraltheologe im Konzept der Entgrenzung sozusagen das Grundgesetz christlichen Handelns, das im Hauptgebot der Nächstenliebe unwiderruflich verankert ist und in der Feindesliebe seine Spitze erfährt.[22] Während die Kirche in der Selbstgefährdung eine mögliche Grenze der per se universellen Liebe zum Nächsten sah und sieht, geht Jesus selbst auch an diesem Punkt keinerlei Kompromiss ein.

> Das Risiko der Selbstgefährdung ist bei ihm ein integraler Bestandteil seines helfenden und befreienden Umgangs mit den Betroffenen. Das Risiko beruht dabei besonders auf der jeweils um der Liebe willen unerläßlichen Überschreitung von institutionellen Barrieren [...] Auf derartige Grenzüberschreitungen reagieren die jeweilig Herrschenden immer empfindlich, weil sie von eben solchen Grenzen profitieren.[23]

Es muss nicht mehr eigens betont werden, dass die hier erwähnten institutionellen

---

19   Michel de CERTEAU, 2005: L'étranger. Ou L'union dans la différence (Points. Essais; Bd. 537), Paris, S. 14–15. Ottmar Fuchs unterscheidet an dieser Stelle zwischen der notwendigen Grenze des Glaubens im Sinne der Selbstvergewisserung einerseits und der universellen diakonischen Entgrenzung andererseits, ohne die das Zeugnis der Kirche unglaubwürdig wird (vgl. Ottmar FUCHS, 1988: Die Entgrenzung zum Fremden als Bedingung christlichen Glaubens und Handelns, in: ders. (Hg.): Die Fremden, Düsseldorf, S. 240–301, hier: S. 247 u. 249).

20   CERTEAU, 2005, S. 14.

21   Vgl. FUCHS, 1988.

22   Vgl. ebd., S. 243–245.

23   Ebd., S. 244–245.

Barrieren damals wie heute nicht nur in der Gesellschaft, sondern auch innerhalb der Religionsgemeinschaft selbst vorzufinden sind – und dies durchaus nicht nur auf der Ebene der hierarchisch sortierten Amtskirche, sondern häufig auch im Bereich demokratisch gewählter Gremien vor Ort. Es handelt sich dabei um uneingestanden babelische Zustände, bei denen Macht – häufig auch unbewusst – eine zentrale Rolle spielt.[24]

Aus soziologischer Sicht entspricht dieser Befund dem zu erwartenden Ergebnis und ist in keiner Weise bemerkenswert. Auf Seiten der Migrantenseelsorger ruft diese Situation jedoch zurecht Irritationen hervor, da sie das Empfinden für das ekklesiologische Ideal eines gleichberechtigten Miteinanders in einer universal geschwisterlichen Kirche nachhaltig verletzt. Dieses Wahrnehmung lässt die Migrantenmissionare bis heute auch binnenkirchlich zu Anwälten der Zuwanderer als der Getauften zweiter Klasse werden. Ob ihre Kritik mit Blick auf einen am Evangelium ausgerichteten Lernprozess der Ortskirche wohlwollend aufgenommen oder aber zurückgewiesen wird, hängt davon ab, ob in der Vision der Ortskirche eine „politische", an Struktur- und Machterhalt orientierte oder eine ekklesiologisch-pastorale Perspektive dominiert, die die Zuwanderer als gleichberechtigte Schwestern und Brüder anerkennt und sie als solche selbstverständlich in die kirchlichen Entscheidungsfindungen einbezieht.[25] Ob es der Kirche gelingt, tatsächlich Zeichen und Sakrament der Einheit der Menschheit zu sein, hängt ganz entscheidend von der Lernfähigkeit der Ortskirche in der Frage der Entgrenzung zum Fremden ab.

Hier soll keineswegs geleugnet werden, dass auch von Seiten der Zuwanderer eine gewisse Bringschuld für eine gelingendes Miteinander besteht und dass auch die mögliche Flucht in die Opferrolle gegebenenfalls ein Machtpotential in sich birgt. Allerdings werden diese Formen des Rückzugs häufig durch Gefühle der Ohnmacht hervorgerufen und stellen somit bereits eine Reaktion auf die verschiedenen und zum Teil recht subtilen Formen von Exklusion, Bevormundung oder Nicht-Wahrnehmung dar. Einer Ortskirche, der die entgrenzende Öffnung dauerhaft misslingt, wird die Präsenz zugewanderter Katholiken zu einem Stachel im Fleisch, weil sie ihr die eigenen Unzulänglichkeiten angesichts der evangelischen Maßstäbe aufzeigt und sie damit ungewollt auch theologisch in die Defensive treibt.[26]

---

24   Aufschlussreich bezüglich des hohen Stellenwerts von Macht in Beziehungskonstellationen zwischen Alteingesessenen und Neuankömmlingen sind insbesondere die Untersuchungen von Norbert Elias, vgl. vor allem Norbert ELIAS & John L. SCOTSON, 2008: Etablierte und Außenseiter (Übersetzt von Michael Schröter) (Suhrkamp-Taschenbuch; Bd. 1882), 5. Nachdruck der 1. Auflage, Frankfurt a.M.

25   Die Verfasstheit der Kirche in Deutschland als moderne Organisation mit einem hohen Grad an Professionalisierung und einer enorm großen Zahl bezahlter Mitarbeiter führt zu einer Unbeweglichkeit und einer Eigengesetzlichkeit, die eine grundsätzliche Neuausrichtung entscheidend erschweren, so dass hier allenfalls gewisse Nachbesserungen oder Justierungsversuche zu erwarten sind. Die Sorge um die Struktur wird deutlich, wenn es darum geht, „pastorale Handlungsfähigkeit auch für die Zukunft sicher zu stellen." Im Blick ist dabei eindeutig die Handlungsfähigkeit der Kirche als Organisation und nicht so sehr die Handlungsfähigkeit der Kirche als Volk Gottes.

26   Fairerweise muss an dieser Stelle darauf hingewiesen werden, dass es sich historisch betrachtet um eine neue Situation handelt, die vor allem die Ortskirchen in den zentralen Zuwanderungsregionen betrifft und den erwähnten Lernprozess notwendig macht. Soziologisch gesehen ist zudem davon auszugehen, dass sich bei einem Rollentausch zwischen Zuwanderungs- und Herkunftsländern jenseits der besonderen kirchlichen Verfasstheit ähnliche Konstellationen abzeichnen würden.

Wissen ist Macht

Bemerkenswert ist in diesem Zusammenhang die Rolle, die Bildung und Professiona-lität im Rahmen dieser Beziehung gelegentlich einnehmen. Wissen ist Macht, und eben deshalb handelt es sich hier um einen relevanten Aspekt.

Bereits der Besitz der Landessprache als Muttersprache bringt im Konfliktfall enorme Vorteile mit sich. Hierzu zwei Zitate aus einem Buch, das sich mit der Frage nach dem Verhältnis von Sprache, Macht und Demokratie auseinandersetzt:

> Die eigene Sprache besitzt für den Einzelnen persönlich einen hohen Stellenwert, dieser Stellenwert wird ihr in der Öffentlichkeit aber möglicherweise nicht zugestanden. Da kommen Machtverhältnisse zum Vorschein: Welchen [sic!] Wert wird der Identität einer Person in diesem Kontext zugesprochen? Bin ich selber in der Lage bzw. wird mir er-möglicht, meine Sprache einzubringen, bekommt die Muttersprache Raum? Wird diese Sprache anerkannt als wichtiger Bestandteil der Person?[27]

> Ein wünschenswertes Miteinander erfordert, dass die Definitionsmacht über Minderheit-en, Muttersprache und den Umgang mit Problemen in diesem Bereich nicht bei der Mehrheitsgesellschaft bleibt. Gut gemeinte Versuche, die vorgeben, wie die Beziehung zueinander zu gestalten ist, machen sich in ihren Fundamenten unglaubwürdig und sind selbst wiederum nur Ausdruck von Macht. Demokratisch hingegen ist es nur dort, wo al-le Beteiligten über eine Gestaltungsmacht verfügen.[28]

In Bezug auf die vergleichsweise hohe Bildung und Professionalität in der deutschen Kirche stellt sich hier die Frage, ob dieser Wissensvorsprung in diakonischer Absicht für eine gemeinsam getragene, gegenseitige Annäherung eingesetzt wird, oder ob er vielmehr – bewusst oder unbewusst – zu einem modernen Instrument des Macht-erhalts einer kirchlichen Elite verkommt.

Vom Selbstwert des Fremden

Ottmar Fuchs betont, wie erwähnt, dass der Grenzziehung des Glaubens im Leben der Kirche um ihrer eigenen Glaubwürdigkeit willen stets eine paritätische diakonische Entgrenzung entsprechen muss.[29] Zugleich behauptet der einen Selbstwert des Frem-den unabhängig von dessen möglicher Hilfsbedürftigkeit.

> Der Fremde [...] stellt als solcher, unabhängig von der Kategorie des Leidens, eine eigene Kategorie dar, insofern das Andere seiner Existenz eine entscheidende und wich-tige Ergänzung meiner und unser selbst bringt, die es inhaltlich und kommunikativ ein-zuholen gilt.[30]

Die Grundhaltung der Wertschätzung von Alterität entspringt dem Wissen um die Begrenztheit der eigenen Perspektive.[31] Eben vor diesem Hintergrund muss die vor-schnelle Suche und die Betonung von Gemeinsamkeiten angesichts interkultureller Vielfalt suspekt erscheinen, impliziert sie doch indirekt eine Abwertung der Differen-zen. Die grundsätzliche Hochachtung für Diversität bedeutet demgegenüber mitnich-ten die naive Bejahung alles Fremden und schließt das Einmischungsrecht in Bezug

---

27 ULRICH Susanne (Hg.), 2006: Praxishandbuch sprache macht demokratie. Politische Bildung in der Einwanderungsgesellschaft, Schwalbach/Ts., S. 35.

28 Ebd., S. 40.

29 FUCHS, 1988, S. 249.

30 Ebd., S. 257.

31 Vgl. ebd., S. 263.

auf Ungerechtigkeit und Unterdrückung keineswegs aus.[32] Der selbstgenügsame Verzicht auf das Fremde führt demgegenüber zu spiritueller Sterilität:

> Faut-il en conclure que la transcendance n'est plus qu'un horizon idéologique ou un monde imaginaire si elle ne devient pour nous le sens d'une surprise toujours créatrice, celle des différences? Oui, si on l'entend bien. Comme le disait Victor Segalen dans une optique voisine: „Il n'y a pas de mystère dans un monde homogène." Certes, là où il n'y a pas union, la différence est inerte; elle n'est plus le ferment du sens. Mais l'union devient stérile et insignifiante si elle ne renaît plus de la différence qui la met en question.[33]

Was Ottmar Fuchs im obigen Zitat mit Blick auf die Fremden außerhalb der Kirche formuliert, das muss im binnenkirchlichen Bereich umso mehr Geltung haben, denn:

> Wo Christen bereits innerhalb dieses gemeinsamen Glaubens nicht im Geist der Freiheit, in dem allein die Charismen leben können, mit ihren Unterschiedlichkeiten und Fremdheiten konsens- bzw. konfliktfähig miteinander umgehen lernen, wird jeder Andere und Fremde außerhalb ihrer Glaubensgemeinschaft um so mehr Angst machen und um so weniger die Chance eines paritätischen diakonischen Umgangs erhalten.[34]

Ob und in welchem Maß es letztlich gelingt, dem anderen in seiner Andersheit Raum zu geben, hängt sehr stark von der Frage der eigenen Identität ab. Die durch Nächstenliebe motivierte Entäußerung bedarf einer Substanz, die gewissermaßen als das eigene Pfund ins Spiel gebracht werden kann und eben dadurch bereichert beziehungsweise neu modelliert wird. Dieser Hinweis zeigt, dass sich entgrenzende Nächstenliebe nicht improvisieren lässt, sondern in mühsamer Kleinarbeit erlernt und eingeübt werden muss.

3. Die Herausforderung der *communio*

In diesem letzten Abschnitt geht es um die Anwendung der zuvor gewonnenen Einsichten auf die konkreten Herausforderungen der muttersprachlichen Gemeinden mit Blick auf die *communio ad intra* sowie *ad extra* zur jeweiligen Ortskirche hin. Da sich die konkreten Konstellationen von Gemeinde zu Gemeinde sehr unterschiedlich gestalten, sollen an dieser Stelle keine Antworten vorgegeben, sondern vielmehr Fragen gestellt werden, die der eigenen Sensibilisierung dienen sollen. Die Unterscheidung der beiden Aspekte – *ad intra* respektive *ad extra* – hat damit zu tun, dass sich die Rolle der Vertreter der Gemeinde dabei entscheidend ändert.

3.1 Die *communio* der muttersprachlichen Gemeinden *ad intra*

Wie die Gesellschaft insgesamt sind auch die muttersprachlichen Gemeinden von einer fortschreitenden internen Pluralisierung gekennzeichnet, die von einer intergenerational bedingten Vielfalt über die kulturelle bis hin zur sozialen Pluralisierung reicht. Die Verfasstheit der Missionen als Sprachgemeinden führt – je nach Sprache – zur Präsenz teilweise recht heterogener Gruppen, die äußerlich häufig durch die Geschichte der Kolonialisierung „miteinander verbunden" sind. So stellt sich bereits ge-

---

32 Vgl. Ottmar FUCHS, 2000: Auf dem Weg zu einer lokal und global geschwisterlichen Kirche, in: Lebendiges Zeugnis, Bd. 55, Heft 3, S. 219–227, hier: S. 227.

33 CERTEAU, 2005, S. 187–188.

34 FUCHS, 1988, S. 254.

meindeintern die Herausforderung der *communio* beziehungsweise der Einheit in der Vielfalt.

Die Ausführungen haben gezeigt, dass *communio* stets nur geistgeleitet entstehen kann. Sie kann folglich nicht wie ein Produkt hergestellt, sondern lediglich durch die Kultivierung entsprechender Dispositionen vorbereitet werden. Die Geschichte vom Turmbau zu Babel dient dabei als Warnung vor unlauteren Vereinnahmungstendenzen, die das berechtigte Anliegen der Einheit als Ideologie zum eigenen Machterhalt oder -ausbau missbrauchen. Wesentliche Kriterien für die Authenizität des Strebens nach *communio* sind die Bewegung der Entgrenzung im Sinne einer Wertschätzung des Fremden um seiner selbst willen sowie der Versuch, die *communio* von der Peripherie – das heißt von den schwächsten Gliedern – her zu denken.

Eine erste relevante Größe, die nur bedingt beeinflussbar ist, besteht dabei in der Herkunft beziehungsweise der Nationalität der hauptamtlichen Mitarbeiter selbst. Kommen der Priester und die Mitarbeiterinnen und Mitarbeiter aus Frankreich? Handelt es sich um ein interkulturelles Team? Gibt es im Team ein erkennbares Machtgefälle? Diese Fragen stellen sich in gleicher Weise für den Gemeinderat. Welche Gruppen der Gemeinde sind dort repräsentiert? Wie gut beherrschen die einzelnen Mitglieder die gemeinsame Sprache? Wie kommen pastorale und organisatorische Entscheidungen zu Stande? Wie könnten eventuelle Minderheiten dabei besser berücksichtigt werden?

Es geht darum, diese Nuancen erst einmal wahrzunehmen, ohne sie sofort positiv oder negativ zu bewerten. Viele dieser Faktoren sind Gegebenheiten und lassen sich zum Teil nicht oder nur geringfügig beeinflussen. Dennoch sind sie mitunter folgenreich für das Gemeindeleben. So führt bereits die Nationalität des Priesters zu bestimmten Zuschreibungen oder Unterstellungen wie etwa der Bevorzugung seiner Landsleute, die wie auf Grund eines Naturgesetzes auch ohne sein Zutun plötzlich verstärkt im Gemeindeleben auftauchen und damit die Vermutung zu bestätigen scheinen.

In einem weiteren Schritt stellen sich wichtige Fragen in Bezug auf die Gemeinde: Welche Gruppen kommen dort zusammen? Finden diese Gruppierungen den notwendigen Raum, um ihre Sprache, ihre Bräuche und Traditionen zu pflegen? Gibt es Tendenzen der Vereinnahmung durch andere, dominante Gruppen? Wie verlaufen die Machtstrukturen in der Gemeinde? Entsprechen die Beziehungen dem christlichen Ideal, wonach der Mächtigere den anderen die Füße wäscht?[35]

Wie gestaltet sich das Miteinander zwischen „ehemaligen Kolonialherren" und „ehemaligen Untertanen"? Gibt es einen Austausch darüber oder wird dieses Thema ausgeklammert? Haben die Alteingesessenen auf Grund des Standortvorteils weiterhin einen größeren Einfluss, auch wenn sie vielleicht längst eine Minderheit sind? Bestehen unausgesprochene Ängste bei den Alteingesessenen in Bezug auf einen möglichen Einflussverlust? Wie wird damit umgegangen?

Wie wird in der Gemeinde versucht, den Weg für eine wachsende *communio* vorzubereiten? Erfahren Differenzen die notwendige Wertschätzung oder wird die Betonung der Gemeinsamkeiten bevorzugt, wodurch Unterschiede indirekt als Störfaktoren gekennzeichnet werden? Versucht die Gemeindeleitung, die *communio* durch

---

[35] Tatsächlich liegt das Problem nicht im Machtbesitz selbst, denn Macht ist zuallererst eine Ressource. Eben deshalb geht es im Allgemeinen auch nicht darum, den Mächtigen ihre Macht zu nehmen. Das Problem liegt vielmehr in einer Art und Weise der Machtausübung, die der Lehre des Evangeliums entgegensteht.

die „Integration" der peripheren Gruppen in eine Art Stammgruppe zu konstruieren, oder setzt sie tatsächlich bei den schwächsten Gliedern am Rand an und versucht, diese zum Maßstab des Gemeindelebens zu machen?

An dieser Stelle dürfte die „Logik" des vorgeschlagenen Weges klar sein, so dass die zweifellos notwendige Konkretisierung der Fragen für den eigenen Kontext nicht mehr schwer fallen dürfte.

3.2 Die *communio* der muttersprachlichen Gemeinden mit der Ortskirche

Zunächst gilt, wie erwähnt: die muttersprachlichen Gemeinden sind bereits Teil der Ortskirche.[36] Es zeigt sich jedoch, dass sich der Weg von der seelsorglichen und administrativen Zuständigkeit hin zu einem Gefühl der Zu- beziehungsweise Zusammengehörigkeit mitunter recht lang und steinig präsentiert. Meine These, die aus den bisherigen Ausführungen bereits ersichtlich ist, geht dahin, dass das binnenkirchliche Verhältnis zwischen Einheimischen und Zuwanderern und damit die gegenseitige Wahrnehmung durch die Unterscheidung in Staatsbürger und Ausländer politisch vorstrukturiert ist. Daher ist es umso wichtiger, diese Unterscheidung binnenkirchlich zu konterkarieren und sie nicht noch durch den Rekurs auf politische Kategorien wie „Integration", „Segregation", „Inklusion", „Partizipation" usw. zu verstärken.

Von Anwälten und Brückenbauern

Die einschlägigen gesamt- und ortskirchlichen Dokumente teilen das Anliegen einer wachsenden *communio*[37] zwischen Ortskirche (Diözese, Territorialgemeinden usw.) und muttersprachlichen Gemeinden. Ziel der Anstrengungen ist es, dem ursprünglich in *Lumen Gentium*[38] formulierten kirchlichen Anspruch gerecht zu werden, sichtbares „Zeichen und Werkzeug der Einheit im Blick auf eine erneuerte Menschheit"[39] zu sein. Damit ist zwar klargestellt, dass weder Kirche noch kirchliche Einheit ein Selbstzweck sind. Sie haben sozusagen eine prophetische Funktion. Andererseits ist angesichts des bestehenden Machtgefälles – besonders vor dem Hintergrund der

---

36   Die Zuständigkeit der Ortskirche für die Migrantenseelsorge ist Teil der vom Zweiten Vatikanischen Konzil angestoßenen Dezentralisierung der Kompetenzen, die für die Migrantenseelsorge in der Instruktion „De pastorali migratorum cura" festgehalten ist, vgl. PUSCHMANN Bernhard (Hg.), 1971: Motuproprio über die Wandererseelsorge. Instruktion über die Seelsorge unter den Wandernden. Motuproprio über die Errichtung der Päpstlichen Kommission für Wanderer- und Touristenseelsorge. Lateinisch-Deutsch. (Von den deutschen Bischöfen approbierte Übersetzung. Eingeleitet und kommentiert von Bernhard Puschmann) (Nachkonziliare Dokumentation; Bd. 24), Trier.

37   Die Terminologie ist dabei sehr uneinheitlich und reicht von „Gemeinschaft" und „Miteinander" über „Inkulturation" (vgl. v.a. DEUTSCHE BISCHOFSKONFERENZ (Hg.), 2003: Eine Kirche in vielen Sprachen und Völkern. Leitlinien für die Seelsorge an Katholiken anderer Muttersprache ; 13. März 2003 (Arbeitshilfen; Bd. 171), Bonn) und „Integration" (vgl. speziell DEUTSCHE BISCHOFS-KONFERENZ (Hg.), 2004: Integration fördern – Zusammenleben gestalten. Wort der deutschen Bischöfe zur Integration von Migranten; 22. September 2004 (Die deutschen Bischöfe; Bd. 77), Bonn) bis hin zum hier bevorzugten Begriff der *„ communio"* (so besonders PÄPSTLICHER RAT DER SEELSORGE FÜR DIE MIGRANTEN UND MENSCHEN UNTERWEGS (Hg.), 2004: Instruktion Erga migrantes caritas Christi (Die Liebe Christi zu den Migranten). 3. Mai 2004, Bonn).

38   Vgl. LG 1 = RAHNER Karl, VORGRIMLER Herbert (Hg.), 2008: Kleines Konzilskompendium, 35. Auflage, 35. Auflage des Gesamtwerkes, Freiburg i.Br; Basel [etc.], S. 123.

39   PÄPSTLICHER RAT DER SEELSORGE FÜR DIE MIGRANTEN UND MENSCHEN UNTERWEGS, 2004, 89.

Turmbaugeschichte – größte Vorsicht geboten, damit der Einheitsgedanke nicht zur Ideologie verkommt, der die Belange der strukturell Schwächeren geopfert werden. In den kirchlichen Dokumenten ist daher von einem wechselseitigen Bemühen die Rede, bei dem sich auch die Ortskirche selbst in einer Bringschuld sieht.[40]

Den Seelsorgern und hauptamtlichen Mitarbeitern der muttersprachlichen Gemeinden ist dabei mehr denn je die Rolle von Brückenbauern zugedacht.[41] Diese Rollenzuschreibung führt einerseits zu einer neuen Wertschätzung der Kompetenzen dieser Personen, zugleich aber signalisiert sie hohe Erwartungen und wirkt – gewollt oder ungewollt – beschwichtigend in Bezug auf möglicherweise unangenehme Kritik an der Ortskirche im Sinne der Anwaltschaft für die Migranten als den weiterhin strukturell schwächeren Kirchengliedern.[42]

Die Schwierigkeit dieser Doppelrolle (Anwalt *versus* Brückenbauer) wird dabei kaum reflektiert. Ist konstruktive Kritik – etwa am jahrzehntelang unveränderten Machtgefälle – als Teil dieses Brückenbaus willkommen? Wie tragfähig ist umgekehrt eine *communio*, wenn die Beteiligten nicht frei sind, wahrgenommene Schieflagen offen anzusprechen? Der Beitrag der muttersprachlichen Gemeinden zu einer größeren *communio* mit der Ortskirche kann nicht darin bestehen, die vorhandenen Hürden auf diesem Weg zu ignorieren und vorschnell auf die Anwaltsrolle zu verzichten. Probleme müssen offen angesprochen werden, auch wenn dies den Weg zur *communio* zu verzögern scheint. Es ist sicher wichtig, die von außen herangetragene Rolle des Brückenbauers ernst zu nehmen. Sie kann aber nur dann sinnvoll wahrgenommen werden, wenn die brisanten Fragen dadurch nicht auf der Strecke bleiben.

Bereitschaft zur Selbstkritik

Die Bereitschaft zur Selbstkritik, die sich die muttersprachlichen Gemeinden von der Ortskirche wünschen, müssen sie selbstverständlich auch in Bezug auf sich selbst unter Beweis stellen. Hierhin gehört etwa die Frage, ob und inwieweit die Missionen gegebenenfalls von einer Art Opferrolle profitieren oder ob sie zum Beispiel die strukturelle Benachteiligung in Gesellschaft und Kirche durch einen Überlegenheitsmythos in Bezug auf Glaube und Kirchlichkeit zu kompensieren versuchen.

Speziell mit Blick auf die Nachkommen der ersten Zuwanderergeneration muss sich die jeweilige Gemeindeleitung fragen, welches Bild sie von der Ortskirche zeichnet und vermittelt. Ist es ein Bild, das den jungen Leuten hilft, sich gegebenenfalls auch in dieser Kirche zu Hause zu fühlen, oder setzt man hier auf einen Diskurs der Abgrenzung zu Stärkung der eigenen Identität und zum Erhalt mitgebrachter Traditionen? Weiter stellt sich in diesem Zusammenhang die Frage, wie es der Gemeinde gelingt, sich für die Andersheit dieser jungen Leute als Träger mehrerer Kulturen zu öffnen, ohne sie stets neu vor die leidige Alternative eines Entweder-oder zu stellen.

---

40   Vgl. DEUTSCHE BISCHOFSKONFERENZ, 2003, S. 34.

41   Vgl. DEUTSCHE BISCHOFSKONFERENZ, 2004, S. 47.

42   Besonders deutlich wird diese schwächere Position am grundsätzlichen Vorläufigkeitscharakter der Missionen sowie am perpetuierten Gaststatus der muttersprachlichen Gemeinden bei deren Zusammenlegung mit Territorialgemeinden. Das Stuttgarter Modell scheint hier allerdings einen anderen, vielversprechenderen Ansatz zu verfolgen, vgl. BISCHÖFLICHES ORDINARIAT DER DIÖZESE ROTTENBURG-STUTTGART (Hg.), 2008: Rechtsordnungen. Richtlinien für die Pastoral mit Katholiken anderer Muttersprache in den Seelsorgeeinheiten der Diözese Rottenburg-Stuttgart (Gemeinden; Bd. 3), Rottenburg.

Ich war fremd, und ihr habt mich aufgenommen

„Ich war fremd, und ihr habt mich aufgenommen." Dieses Zitat aus Mt 25 wird von den Vertretern der muttersprachlichen Gemeinden bis heute immer wieder angeführt und an die Ortskirche adressiert, um etwa der Forderung einer Begegnung auf Augenhöhe mit den Worten des Evangeliums mehr Nachdruck zu verleihen. Dabei ist oft nicht im Blick, dass dieses Zitat auch umgekehrt gilt, wobei für die Zuwanderer die Einheimischen die Fremden sind, in denen sie Jesus entdecken und die sie aufnehmen sollen.

Dass die Ausgangslage zwischen einheimischen und zugewanderten Katholiken keineswegs paritätisch ist, wurde bereits festgehalten. Dies entbindet die Zuwanderer jedoch nicht von ihrer Mission als getaufte Christen. Brücken werden immer von zwei Seiten gebaut, und dieses Unterfangen kann nur in gegenseitiger Wertschätzung gelingen. Mit anderen Worten müssen auch die Schwierigkeiten der Ortskirche ernst genommen und im Dialog entsprechend gewürdigt werden. Hierfür das notwendige Bewusstsein unter den Gläubigen zu schaffen, gehört ebenfalls zur Aufgabe der Leiter der muttersprachlichen Gemeinden.

Schlussbemerkung

Der hier aufgestellte Fragenkatalog und die Denkanstöße erschöpfen keineswegs die komplexen Herausforderungen mit Blick auf die Vorbereitung einer geistgewirkten *communio*, sie zeigen aber eine Richtung auf und schaffen das Bewusstsein dafür, dass es sich bei diesem Thema nicht um einen zu erreichenden Zustand, sondern zuallererst um einen Weg handelt, den Zuwanderer und Einheimische nur gemeinsam gehen können.

Vielen Dank für Ihre Aufmerksamkeit!

Literaturverzeichnis

BOMMES, Michael & TACKE, Veronika, 2001: Arbeit als Inklusionsmedium moderner Organisationen. Eine differenzierungstheoretische Perspektive, in: Veronika Tacke (Hg.): Organisation und gesellschaftliche Differenzierung (Organisation und Gesellschaft), Wiesbaden, S. 61–83.

BOMMES, Michael, 2011: Nationale Paradigmen der Migrationsforschung, in: ders.: Migration und Migrationsforschung in der modernen Gesellschaft. Eine Aufsatzsammlung (IMIS-Beiträge; Bd. 38), Bad Iburg, S. 15–52.

BOMMES, Michael, 2011a: Migration in der modernen Gesellschaft, in: ders.: Migration und Migrationsforschung in der modernen Gesellschaft. Eine Aufsatzsammlung (IMIS-Beiträge; Bd. 38), Bad Iburg, S. 53–72.

BOMMES, Michael, 2011b: Zur Bildung von Verteilungsordnungen in der funktional differenzierten Gesellschaft. Erläutert am Beispiel „ethnischer Ungleichheit" von Arbeitsmigranten, in: ders.: Migration und Migrationsforschung in der modernen Gesellschaft. Eine Aufsatzsammlung (IMIS-Beiträge; Bd. 38), Bad Iburg, S. 73–100.

CERTEAU, Michel de, 2005: L'étranger. Ou L'union dans la différence (Points. Essais; Bd. 537), Paris.

ELIAS, Norbert & SCOTSON, John L., 2008: Etablierte und Außenseiter (Übersetzt von Michael Schröter) (Suhrkamp-Taschenbuch; Bd. 1882), 5. Nachdruck der 1. Auflage, Frankfurt a.M.

FUCHS, Ottmar, 1988: Die Entgrenzung zum Fremden als Bedingung christlichen Glaubens und Handelns, in: ders. (Hg.): Die Fremden, Düsseldorf, S. 240–301.

FUCHS, Ottmar, 2000: Auf dem Weg zu einer lokal und global geschwisterlichen Kirche, in: Lebendiges Zeugnis, Bd. 55, Heft 3, S. 219–227.

GABRIEL, Karl, 1999: Soziologie, in: Herbert Haslinger (Hg.): Handbuch Praktische Theologie. Bd. 1: Grundlegungen, Mainz, S. 292–303.

KEßLER, Tobias, 1999: Il racconto della torre come chiave ermeneutica del fenomeno migratorio. Esegesi e lettura simbolica di Gen 11,1–9 (Dissertazione di Licenza). Pontificia Università Gregoriana, Roma.

KUNZ, Thomas, 2006: Integrationskurse auf kommunaler und auf Bundesebene. Eine kritische Auseinandersetzung mit einem neuen Steuerungsinstrument am Beispiel der Stadt Frankfurt am Main, in: Sigrid Baringhorst, Uwe Hunger, Karen Schönwälder (Hg.): Politische Steuerung von Integrationsprozessen, Wiesbaden, S. 175–193.

MEIER-BRAUN, Karl-Heinz, 2010: Migration und Integration in Deutschland. Chronologie der Ereignisse und Debatten (Mai 2009 – Dezember 2010), in: Marianne Krüger-Potratz, Werner Schiffauer (Hg.): Migrationsreport 2010. Fakten – Analysen – Perspektiven, Frankfurt a.M., S. 271–357.

PUSCHMANN Bernhard (Hg.), 1971: Motuproprio über die Wandererseelsorge. Instruktion über die Seelsorge unter den Wandernden. Motuproprio über die Errichtung der Päpstlichen Kommission für Wanderer- und Touristenseelsorge. Lateinisch-Deutsch. (Von den deutschen Bischöfen approbierte Übersetzung. Eingeleitet und kommentiert von Bernhard Puschmann) (Nachkonziliare Dokumentation; Bd. 24), Trier.

SANDER, Hans-Joachim, 2001: Nicht verleugnen. Die befremdende Ohnmacht Jesu (Glaubensworte), Würzburg.

SANDER, Hans-Joachim, 2009: Ein Ortswechsel des Evangeliums – die Heterotopien der Zeichen der Zeit, in: Peter Hünermann, Bernd Jochen Hilberath (Hg.): Die Dokumente des Zweiten Vatikanischen Konzils. Theologische Zusammenschau und Perspektiven. (Sonderausgabe) (Herders theologischer Kommentar zum Zweiten Vatikanischen Konzil; Bd. 5), Freiburg, Basel, Wien, Bd. 5, S. 434–439.

SHERWIN, Byron L., 1995: The Tower of Babel, in: The Bible Today, Bd. 33, S. 104–109.

TACKE, Veronika, 2010: Organisationssoziologie, in: Georg Kneer, Markus Schroer (Hg.): Handbuch spezielle Soziologien, Wiesbaden, S. 341–359.

TREIBEL, Annette, 1999: Migration in modernen Gesellschaften. Soziale Folgen von Einwanderung, Gastarbeit und Flucht, 2. Auflage, Weinheim.

ULRICH Susanne (Hg.), 2006: Praxishandbuch sprache macht demokratie. Politische Bildung in der Einwanderungsgesellschaft, Schwalbach/Ts.

ZIEMANN, Andreas, 2009: Systemtheorie, in: Georg Kneer, Markus Schroer (Hg.): Handbuch Soziologische Theorien, Wiesbaden, S. 469–490.

Kirchliche Dokumente

BISCHÖFLICHES ORDINARIAT DER DIÖZESE ROTTENBURG-STUTTGART (Hg.), 2008: Rechtsordnungen. Richtlinien für die Pastoral mit Katholiken anderer Muttersprache in den Seelsorgeeinheiten der Diözese Rottenburg-Stuttgart (Gemeinden; Bd. 3), Rottenburg.

DEUTSCHE BISCHOFSKONFERENZ (Hg.), 2003: Eine Kirche in vielen Sprachen und Völkern. Leitlinien für die Seelsorge an Katholiken anderer Muttersprache ; 13. März 2003 (Arbeitshilfen; Bd. 171), Bonn.

DEUTSCHE BISCHOFSKONFERENZ (Hg.), 2004: Integration fördern – Zusammenleben gestalten. Wort der deutschen Bischöfe zur Integration von Migranten; 22. September 2004 (Die deutschen Bischöfe; Bd. 77), Bonn.

PÄPSTLICHER RAT DER SEELSORGE FÜR DIE MIGRANTEN UND MENSCHEN UNTERWEGS (Hg.), 2004: Instruktion Erga migrantes caritas Christi (Die Liebe Christi zu den Migranten). 3. Mai 2004, Bonn.

RAHNER Karl, VORGRIMLER Herbert (Hg.), 2008: Kleines Konzilskompendium, 35. Auflage, 35. Auflage des Gesamtwerkes, Freiburg i.Br.; Basel [etc.].